Der Schatz im Acker – Vierzig Texte aus der Bibel

Der Schatz im Acker

Vierzig Texte aus der Bibel
Neue Zürcher Übersetzung

T V Z
Theologischer Verlag Zürich

Da ist weder Jude noch Grieche,
da ist weder Sklave noch Freier,
da ist nicht Mann und Frau.
Denn ihr seid alle eins in Christus Jesus.

Galater 3,28

Verborgen im Acker

Das Himmelreich ist einem Schatz gleich,
der im Acker vergraben war; den fand einer
und vergrub ihn wieder. Und in seiner Freude
geht er hin und verkauft alles, was er hat,
und kauft jenen Acker.

Matthäus 13,44

Das Himmelreich ist einem Händler gleich,
der schöne Perlen suchte. Als er aber eine
besonders kostbare Perle fand, ging er hin,
verkaufte alles, was er hatte, und kaufte sie.

Matthäus 13,45-46

...vermengt im Teig

Das Himmelreich ist einem Sauerteig
gleich, den eine Frau nahm und mit
drei Scheffel Mehl vermengte, bis alles
durchsäuert war.

Matthäus 13,33

Es ist wie ein Senfkorn, das kleinste
unter allen Samenkörnern auf Erden,
das aufs Land gesät wird. Wenn es gesät
wird, geht es auf und wird grösser als
alle anderen Gewächse und treibt
grosse Zweige, so dass in seinem Schatten
die Vögel des Himmels nisten können.

Markus 4,31-32

Stark wie der Tod

Leg mich auf dein Herz wie ein Siegel,
wie ein Siegel an deinen Arm!
Denn stark wie der Tod ist die Liebe,
hart wie das Totenreich die Leidenschaft.
Feuerglut ist ihre Glut,
Flamme des Herrn.
Gewaltige Wasser können
die Liebe nicht löschen,
und Ströme schwemmen sie nicht fort.
Wollte einer sein ganzes Gut
hingeben für die Liebe,
man würde ihn nur verachten.

Hohes Lied 8,6-7

Weder Engel noch Gewalten

Denn ich bin gewiss: Weder Tod noch
Leben, weder Engel noch Mächte,
weder Gegenwärtiges noch Zukünftiges
noch Gewalten, weder Hohes noch Tiefes
noch irgendein anderes Geschöpf vermag
uns zu scheiden von der Liebe Gottes,
die in Christus Jesus ist, unserem HERRN.
Römer 8,38-39

Gott liebt die Welt

Und wir haben die Liebe, die Gott zu uns
hat, erkannt und ihr geglaubt. Gott ist
Liebe, und wer in der Liebe bleibt,
bleibt in Gott und Gott bleibt in ihm.
1. Johannesbrief 4,16

Denn so hat Gott die Welt geliebt, dass
er den einzigen Sohn gab, damit jeder,
der an ihn glaubt, nicht verloren gehe,
sondern ewiges Leben habe.
Johannes 3,16

Mit Herz, Seele und Verstand

Meister, welches Gebot ist das grösste im Gesetz? Er sprach zu ihm: Du sollst den HERRN, deinen Gott, lieben mit deinem ganzen Herzen und mit deiner ganzen Seele und mit deinem ganzen Verstand. Dies ist das grösste und erste Gebot. Das zweite aber ist ihm gleich: Du sollst deinen Nächsten lieben wie dich selbst. An diesen beiden Geboten hängt das ganze Gesetz und die Propheten.

Matthäus 22,36-40

Liebe hat langen Atem

Wenn ich mit Menschen- und mit Engels-
zungen rede, aber keine Liebe habe, so bin
ich ein tönendes Erz, eine lärmende Zimbel.
Und wenn ich die Gabe prophetischer Rede
habe und um alle Geheimnisse und alle
Erkenntnis weiss und wenn ich allen Glauben
habe, Berge zu versetzen, aber keine Liebe
habe, so bin ich nichts. Und wenn ich all meine
Habe verschenke und meinen Leib dahingebe,
dass ich verbrannt werde, aber keine Liebe
habe, so nützt es mir nichts. Die Liebe hat den
langen Atem, gütig ist die Liebe, sie eifert
nicht. Die Liebe prahlt nicht, sie bläht sich
nicht auf, sie ist nicht taktlos, sie sucht nicht
das Ihre, sie lässt sich nicht zum Zorn reizen,
sie rechnet das Böse nicht an, sie freut sich
nicht über das Unrecht, sie freut sich mit an
der Wahrheit. Sie trägt alles, sie glaubt alles,
sie hofft alles, sie erduldet alles.

Die Liebe kommt niemals zu Fall: Prophetische Gaben – sie werden zunichte werden; Zungenreden – sie werden aufhören; Erkenntnis – sie wird zunichte werden.
Nun aber bleiben Glaube, Hoffnung, Liebe, diese drei. Die grösste unter ihnen aber ist die Liebe.

1. Korintherbrief 13,1-8 und 13

Gute Gaben

Bittet, so wird euch gegeben; sucht, so
werdet ihr finden; klopft an, so wird
euch aufgetan. Denn wer bittet, der
empfängt; wer sucht, der findet; wer
anklopft, dem wird aufgetan. Oder ist
unter euch jemand, der seinem Sohn
einen Stein gibt, wenn er ihn um Brot
bittet, und wenn er ihn um einen
Fisch bittet, eine Schlange? Wenn also
ihr, die ihr böse seid, euren Kindern
gute Gaben zu geben wisst, wieviel
mehr wird euer Vater im Himmel denen
Gutes geben, die ihn bitten.

Matthäus 7,7-11

Das tägliche Brot

Unser Vater im Himmel.
Geheiligt werde dein Name.
Dein Reich komme.
Dein Wille geschehe,
   wie im Himmel, so auf Erden.
Unser tägliches Brot gib uns heute.
Und vergib uns unsere Schuld,
   wie auch wir vergeben
   unsern Schuldigern.
Und führe uns nicht in Versuchung,
   sondern erlöse uns von dem Bösen.
Denn dein ist das Reich und die Kraft
   und die Herrlichkeit in Ewigkeit.
Amen.

Matthäus 6,9-13 (nach RG 285)

Selig seid ihr

Selig die Armen im Geist –
  ihnen gehört das Himmelreich.
Selig die Trauernden –
  sie werden getröstet werden.
Selig die Sanften –
  sie werden das Land erben.
Selig, die hungern und dürsten nach der
  Gerechtigkeit –
  sie werden gesättigt werden.
Selig die Barmherzigen –
  sie werden Barmherzigkeit erfahren.
Selig, die reinen Herzens sind –
  sie werden Gott schauen.
Selig, die Frieden stiften –
  sie werden Söhne Gottes genannt werden.
Selig, die verfolgt sind um der
  Gerechtigkeit willen –
  ihnen gehört das Himmelreich.

Selig seid ihr, wenn sie euch schmähen
und verfolgen und euch das Ärgste
nachsagen um meinetwillen und dabei lügen.
Freut euch und jubelt, denn euer Lohn im
Himmel ist gross. Denn so haben sie auch die
Propheten vor euch verfolgt.

Matthäus 5,3-12

Salz der Erde

Ihr seid das Salz der Erde. Wenn aber das Salz fade wird, womit soll man salzen? Es taugt zu nichts mehr, als hinausgeworfen und von den Leuten zertreten zu werden. Ihr seid das Licht der Welt. Eine Stadt, die oben auf einem Berg liegt, kann nicht verborgen bleiben. Man zündet auch nicht ein Licht an und stellt es unter den Scheffel, sondern auf den Leuchter; dann leuchtet es allen im Haus. So soll euer Licht leuchten vor den Menschen, damit sie eure guten Werke sehen und euren Vater im Himmel preisen.

Matthäus 5,13-16

Was immer ihr wollt, dass euch die Leute
tun, das tut auch ihnen. Denn das ist das
Gesetz und die Propheten.
Matthäus 7,12

Richtet nicht, damit ihr nicht gerichtet
werdet! Denn so wie ihr richtet, werdet ihr
gerichtet werden, und mit dem Mass, mit
dem ihr messt, wird euch gemessen werden.
Matthäus 7,1

Meide das Böse und tue das Gute, suche
Frieden und jage ihm nach.
Psalm 34,15

Maria sprach

Meine Seele erhebt den HERRN,
und mein Geist jubelt über Gott, meinen Retter:
Er hat die Niedrigkeit seiner Magd angesehen.
Denn siehe, von nun an werden mich selig
preisen alle Geschlechter,
denn Grosses hat der Mächtige an mir getan.
Und heilig ist sein Name,
und von Geschlecht zu Geschlecht wird sein
Erbarmen denen zuteil, die ihn fürchten.
Er hat Gewaltiges vollbracht mit seinem Arm,
zerstreut hat er,
die hochmütig gesinnt sind im Herzen,
Mächtige hat er vom Thron gestürzt
und Niedrige erhöht,
Hungrige hat er gesättigt mit Gutem,
und Reiche hat er leer ausgehen lassen.

Er hat sich Israels, seines Knechtes,
angenommen,
und seines Erbarmens gedacht,
wie er geredet hat zu unseren Vätern,
zu Abraham und seinen Nachkommen
in Ewigkeit.
Lukas 1,46-55

Der Löwe wird Stroh fressen

Wolf und Lamm werden einträchtig weiden,
und der Löwe wird Stroh fressen wie das
Rind, und die Schlange – ihre Nahrung ist der
Staub. Nirgendwo auf meinem heiligen Berg
wird man Böses oder Zerstörendes tun,
spricht der HERR.

Jesaja 65,25

Bist du es?

Da rief Johannes zwei seiner Jünger herbei
und sandte sie zu dem HERRN mit der Frage:
Bist du es, der da kommen soll, oder sollen
wir auf einen anderen warten? Als aber die
Männer zu ihm kamen, sagten sie: Johannes
der Täufer schickt uns zu dir und lässt
fragen: Bist du es, der da kommen soll, oder
sollen wir auf einen anderen warten?
In eben der Stunde heilte er viele von Krankheiten, Plagen und von bösen Geistern und
schenkte vielen Blinden das Augenlicht. Und
er antwortete ihnen: Geht und erzählt dem
Johannes, was ihr gesehen und gehört habt:
Blinde sehen, Lahme gehen, Aussätzige
werden rein, und Taube hören, Tote werden
auferweckt, Armen wird das Evangelium
verkündigt; und selig ist, wer an mir keinen
Anstoss nimmt.

Lukas 7,18-23

Tür und Licht und Weg

Ich bin das Brot des Lebens.
Wer zu mir kommt, wird nicht mehr
Hunger haben, und wer an mich glaubt,
wird nie mehr Durst haben.
Johannes 6,35

Ich bin das Licht der Welt.
Wer mir nachfolgt, wird nicht in der
Finsternis wandeln, sondern er wird
das Licht des Lebens haben.
Johannes 8,12

Ich bin die Tür.
Wenn jemand durch mich hineingeht,
wird er gerettet werden und wird eingehen
und ausgehen und eine Weide finden.
Johannes 10,9

Ich bin die Auferstehung und das Leben.
Wer an mich glaubt, wird leben, auch wenn
er stirbt.

Johannes 11,25

Ich bin der Weg und die Wahrheit und
das Leben; niemand kommt zum Vater
ausser durch mich.

Johannes 14,6

Ich bin der Weinstock, ihr seid die Reben.
Wer in mir bleibt und ich in ihm,
der bringt viel Frucht, denn ohne mich
könnt ihr nichts tun.

Johannes 15,5

Du bist bei mir

Der HERR ist mein Hirt, mir mangelt nichts,
    er weidet mich auf grünen Auen.
Zur Ruhe am Wasser führt er mich,
    neues Leben gibt er mir.
Er leitet mich auf Pfaden des Heils
    um seines Namens willen.
Wandere ich auch im finstern Tal,
    fürchte ich kein Unheil,
denn du bist bei mir,
    dein Stecken und dein Stab,
    sie trösten mich.
Du deckst mir den Tisch
    im Angesicht meiner Feinde.
Du salbst mein Haupt mit Öl,
    übervoll ist mein Becher.
Güte und Gnade werden mir folgen
    alle meine Tage,
und ich werde bleiben im Hause des HERRN
    mein Leben lang.

Psalm 23

Dem Adler gleich

Die aber, die auf den HERRN hoffen, empfangen
neue Kraft, wie Adler erheben sie die Schwingen,
sie laufen und werden nicht müde, sie gehen
und ermatten nicht.

Jesaja 40,31

Aus der Grube erlöst

Lobe den HERRN, meine Seele,
   und alles, was in mir ist, seinen
   heiligen Namen.
Lobe den HERRN, meine Seele,
   und vergiss nicht, was er dir Gutes getan hat.
Der all deine Schuld vergibt
   und alle deine Krankheiten heilt,
der dein Leben aus der Grube erlöst,
   der dich krönt mit Gnade und Erbarmen,
der dich mit Gutem sättigt dein Leben lang.
   Dem Adler gleich erneuert sich deine Jugend.
Taten des Heils wirkt der HERR
   und Recht für alle Unterdrückten.
Seine Wege hat er Mose kundgetan,
   den Israeliten seine Taten.
Barmherzig und gnädig ist der HERR,
   langmütig und reich an Güte.
Nicht für immer klagt er an,
   und nicht ewig verharrt er im Zorn.

Nicht nach unseren Sünden handelt er an uns,
    und er vergilt uns nicht nach unserer Schuld.
So hoch der Himmel über der Erde,
    so mächtig ist seine Gnade über denen,
    die ihn fürchten.
So fern der Aufgang ist vom Untergang,
    so fern lässt er unsere Verfehlungen
    von uns sein.
Wie ein Vater sich der Kinder erbarmt,
    so erbarmt der HERR sich derer,
    die ihn fürchten.

Psalm 103,1-13

Zeit, sich zu umarmen

Für alles gibt es eine Stunde,
    und Zeit gibt es für jedes Vorhaben
    unter dem Himmel:
Zeit zum Gebären
    und Zeit zum Sterben,
Zeit zum Pflanzen
    und Zeit zum Ausreissen des Gepflanzten,
Zeit zum Töten
    und Zeit zum Heilen,
Zeit zum Einreissen
    und Zeit zum Aufbauen,
Zeit zum Weinen
    und Zeit zum Lachen,
Zeit des Klagens
    und Zeit des Tanzens,
Zeit, Steine zu werfen,
    und Zeit, Steine zu sammeln,
Zeit, sich zu umarmen,
    und Zeit, sich aus der Umarmung zu lösen,

Zeit zum Suchen
   und Zeit zum Verlieren,
Zeit zum Bewahren
   und Zeit zum Wegwerfen,
Zeit zum Zerreissen
   und Zeit zum Nähen,
Zeit zum Schweigen
   und Zeit zum Reden,
Zeit zum Lieben
   und Zeit zum Hassen,
Zeit des Kriegs
   und Zeit des Friedens.
Kohelet 3,1-8

Du verstehst meine Gedanken

HERR, du hast mich erforscht, und du kennst mich.
Ob ich sitze oder stehe, du weisst es,
    du verstehst meine Gedanken von fern.
Ob ich gehe oder liege, du hast es bemessen,
    und mit allen meinen Wegen bist du vertraut.
Kein Wort ist auf meiner Zunge,
    das du, HERR, nicht ganz und gar kennst.
Hinten und vorne hältst du mich umschlossen,
    und deine Hand hast du auf mich gelegt.
Zu wunderbar ist es für mich, dies zu erkennen,
    zu hoch, ich kann es nicht fassen.
Wohin soll ich gehen vor deinem Geist
    und wohin fliehen vor deinem Angesicht?
Stiege ich hinauf zum Himmel, du bist dort,
    und schlüge ich mein Lager auf im Totenreich,
    siehe, du bist da.

Nähme ich die Flügel der Morgenröte
   und liesse mich nieder am äussersten
   Ende des Meeres,
auch dort würde deine Hand mich leiten
   und deine Rechte mich fassen.
Und spräche ich: Finsternis breche
   über mich herein,
   und Nacht sei das Licht um mich her,
so wäre auch die Finsternis nicht
   finster für dich,
   und die Nacht wäre licht wie der Tag,
   Finsternis wie das Licht.

Psalm 139,1-12

Befreit aus dem Sklavenhaus

Ich bin dein Gott, der ich dich aus dem Lande
   Ägypten, aus dem Sklavenhause,
   herausgeführt habe:
Du sollst keine andern Götter neben mir haben.
Du sollst dir kein Gottesbild machen.
Du sollst den Namen deines Gottes nicht
   missbrauchen.
Gedenke des Sabbattages, dass du ihn
   heilig haltest.
Ehre deinen Vater und deine Mutter.
Du sollst nicht töten.
Du sollst nicht ehebrechen.
Du sollst nicht stehlen.
Du sollst nicht falsches Zeugnis reden wider
   deinen Nächsten.
Du sollst nicht begehren nach irgend etwas,
   was dein Nächster hat.

Aus 2. Mose 20,2-17 (nach RG 781)

Woher wird mir Hilfe kommen?

Ich hebe meine Augen auf zu den Bergen:
    Woher wird mir Hilfe kommen?
Meine Hilfe kommt von IHM,
    der Himmel und Erde gemacht hat.
Er lässt deinen Fuss nicht wanken;
    der dich behütet, schlummert nicht.
Siehe, nicht schlummert noch schläft
    der Hüter Israels.
ER ist dein Hüter,
    ER ist dein Schatten zu deiner Rechten.
Bei Tage wird dich die Sonne nicht stechen
    noch der Mond des Nachts.
ER behütet dich vor allem Bösen,
    er behütet dein Leben.
ER behütet deinen Ausgang und Eingang
    von nun an bis in Ewigkeit.

Psalm 121 (nach RG 137)

Durstig und fremd

Dann wird der König denen zu seiner Rechten
sagen: Kommt her, Gesegnete meines Vaters, erbt
das Reich, das euch bereitet ist von Grundlegung
der Welt an. Denn ich war hungrig, und ihr habt
mir zu essen gegeben. Ich war durstig, und ihr
habt mir zu trinken gegeben. Ich war fremd, und
ihr habt mich aufgenommen. Ich war nackt, und ihr
habt mich gekleidet. Ich war krank, und ihr habt
nach mir gesehen. Ich war im Gefängnis, und ihr
seid zu mir gekommen. Dann werden ihm die
Gerechten antworten: HERR, wann haben wir dich
hungrig gesehen und haben dir zu essen gegeben,
oder durstig und haben dir zu trinken gegeben?
Wann haben wir dich als Fremden gesehen und
haben dich aufgenommen, oder nackt und haben
dich gekleidet? Wann haben wir dich krank gesehen
oder im Gefängnis und sind zu dir gekommen? Und
der König wird ihnen zur Antwort geben: Amen, ich
sage euch: Was ihr einem dieser meiner geringsten
Brüder getan habt, das habt ihr mir getan.
Matthäus 25,34-40

Was früher war, ist vergangen

Und abwischen wird er jede Träne von
ihren Augen, und der Tod wird nicht mehr
sein, und kein Leid, kein Geschrei und
keine Mühsal wird mehr sein; denn was
zuerst war, ist vergangen.
Offenbarung 21,4

Mein bist du

Fürchte dich nicht,
   denn ich habe dich erlöst,
ich habe dich bei deinem Namen gerufen,
   du gehörst zu mir.
Jesaja 43,1

Ich bin da

Wo zwei oder drei in meinem Namen
versammelt sind, da bin ich mitten unter ihnen.
Matthäus 18,20

Und siehe, ich bin bei euch alle Tage
bis an der Welt Ende.
Matthäus 28,20

Freut euch mit mir

Welche Frau, die zehn Drachmen hat, zündet nicht ein Licht an, wenn sie eine davon verloren hat, kehrt das Haus und sucht eifrig, bis sie sie findet? Und wenn sie sie gefunden hat, ruft sie die Freundinnen und Nachbarinnen zusammen und sagt: Freut euch mit mir, denn ich habe die Drachme gefunden, die ich verloren habe.

Lukas 15,8-9

Liebe Leserin
Lieber Leser

Diese Texte sind ausgewählt worden im Jahr der
Bibel. Sie entstammen alle der neuen Zürcher
Bibel-Übersetzung, die zu Beginn des Jahres
2005 erscheinen wird, mit der Ausnahme dreier
aus der Liturgie vertrauter Texte, die dem Refor-
mierten Gesangbuch entnommen sind (Zehn
Gebote, Unser Vater, Psalm 121).

Die Auswahl berücksichtigt Wünsche aus einer
Umfrage im Zürcher Kirchenboten.

Die kleine Sammlung von Edelsteinen aus dem
grossen Schatz der christlichen Überlieferung
begleite Sie auf Ihrem Weg.

Kirchenrat der
Evangelisch-reformierten
Landeskirche des Kantons Zürich,
im Mai 2003

Inhaltsverzeichnis

Herausgeber *Kirchenrat der Evangelisch-reformierten Landeskirche des Kantons Zürich*
Der Abdruck des Textes der Neuen Zürcher Bibel erfolgt mit freundlicher Genehmigung des Verlags der Zürcher Bibel aus folgenden Teilausgaben:
Die Evangelien nach Matthäus, Markus, Lukas, Johannes.
Die Psalmen – Fassung 1996 – Zürich: Verlag der Zürcher Bibel. 1996.
ISBN 3-85995-221-8
Das Buch Hiob /Das Buch Kohelet /Das Hohelied – Fassung 1998
– Zürich: Verlag der Zürcher Bibel. 1998. ISBN 3-85995-222-6
Die restlichen Texte wurden dem Verlag freundlicherweise von den beiden Übersetzerteams zur Verfügung gestellt.

Fotografie *Zeljko Gataric und Simone Ackermann, Zürich*
Umschlaggestaltung und Satz *gataric : ackermann, www.g-a.ch*
Druck und Bindung *W. Kohlhammer Druckerei GmbH, Stuttgart*

Die Deutsche Bibliothek – Bibliographische Einheitsaufnahme
Die Deutsche Bibliothek verzeichnet diese Publikation in der Deutschen Nationalbibliographie; detaillierte bibliographische Daten sind im Internet unter http://dnb.ddb.de abrufbar.

ISBN 3-290-17263-5
© 2003 Theologischer Verlag Zürich